Un Compatriote Oublié

Pierre LALLEMENT

Mécanicien

et l'Invention du « Vélocipède »

PAR

Louis BROUILLON

REIMS

MATOT-BRAINE, IMPRIMEUR-LIBRAIRE-ÉDITEUR

Henri MATOT (A Q), Fils et Successeur

6, Rue du Cadran-Saint-Pierre, 6

1907

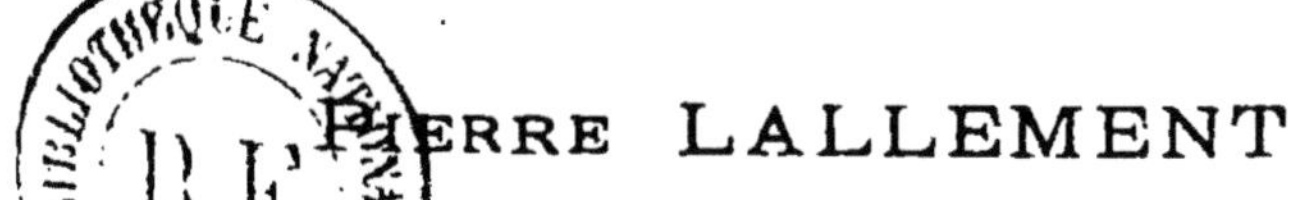

Pierre LALLEMENT

MÉCANICIEN

ET L'INVENTION DU « VÉLOCIPÈDE »

UN COMPATRIOTE OUBLIÉ

Pierre LALLEMENT

Mécanicien

et l'Invention du « Vélocipède »

PAR

Louis BROUILLON

REIMS

MATOT-BRAINE, IMPRIMEUR-LIBRAIRE-ÉDITEUR

Henri MATOT (A O), Fils et Successeur

6, Rue du Cadran-Saint-Pierre, 6

1907

Extrait de l'*Almanach-Annuaire, Historique, Administratif et Commercial
de la Marne, de l'Aisne et des Ardennes*

ANNÉE 1908

Pierre LALLEMENT

Mécanicien

et l'Invention du « Vélocipède »

Après une période de vogue inouïe, le cyclisme traverse, il faut
en convenir, un moment de crise. Ce n'est pas que le nombre de
personnes qui aiment ce mode simple, pratique et peu coûteux
de locomotion rapide, ait diminué. Les statistiques sont là pour
prouver le contraire. Ce qui a changé, c'est la catégorie sociale
des adeptes de la bicyclette.

Au début, le cyclisme était exclusivement un sport. Les
machines, bien inférieures du reste à celles d'aujourd'hui,
coûtaient un certain prix, et il était de bon goût pour les
monter, d'endosser un costume spécial. On arrivait subitement chez des amis de campagne, perdus dans des villages
lointains, chez de vieilles connaissances qu'on n'avait pas revues
depuis des années, et on étonnait tout le monde par le chiffre de
kilomètres parcourus.

Grâce à la légion de touristes pédalant sans relâche, des
routes désertes reprirent leur animation d'antan, des auberges
abandonnées accrochèrent de nouvelles enseignes, des bour-
gades mortes redevinrent vivantes. Et cet apostolat de la pédale
dura jusqu'au jour où la première automobile bien conditionnée
s'élança dans l'espace, ensevelissant sous un ignoble linceul de
poussière les pimpants costumes et les bas rayés des cyclistes.

Aujourd'hui le snobisme a définitivement abandonné la
bicyclette. La délicate machine, un instant détournée de sa
destination, est devenue d'usage courant. Elle s'est démocra-
tisée. Il n'est plus élégant, mais il est commode de s'en servir.
Elle ne remplace pas le cheval de trait, mais elle distance le
cheval de selle. Elle ne lutte pas de vitesse avec l'automobile,
mais elle circule en une foule de lieux où celle-ci ne peut
passer. Elle n'offre aucun danger. Elle est à la portée de toutes
les bourses. La bicyclette n'est plus un sport. Suivant la prophé-
tique parole de Pierre Giffard, c'est un bienfait social.

Tout le monde sait que la bicyclette dériva du bicycle, véhicule également à deux roues, mais sans transmission multiplicatrice, et que le bicycle n'était lui-même que le perfectionnement du vélocipède à pédales.

Il est généralement admis, dans les écrits sportifs, que ce dernier est dû à Pierre Michaux, serrurier-carrossier à Paris, qui eut, dit on, en 1855, l'idée d'adapter des pédales à une draisienne qu'on lui avait donnée à réparer. Sa qualité d'inventeur fit si peu de doute qu'une souscription publique fut ouverte, en 1894, pour ériger un monument à sa mémoire et à celle de son fils, à Bar-le-Duc, leur ville natale. Ce monument, dù pour la partie statuaire, au sculpteur Houssin, et pour la partie architecturale à Ch. Demoget, fut inauguré le 30 septembre. Il porte sur sa stèle cette inscription très précise : *A Pierre et Ernest Michaux, inventeurs et propagateurs du vélocipède à pédales, les cyclistes de France reconnaissants.*

Sans avoir la moindre arrière-pensée de déboulonnement à l'endroit de l'élégant petit génie de bronze — le Cyclisme dans l'enfance — qui, adossé à un vélocipède, rappelle aux générations actuelles le souvenir des Michaux, il parait de stricte justice de rappeler qu'un autre chercheur, conçut et exécuta, sinon le premier vélocipède auquel on ait songé, du moins le premier qu'on ait vu circuler dans les rues de Paris.

Cet ouvrier de la première heure, ce Français inconnu en France et connu en Amérique, se nommait Pierre Lallement.

Pierre Lallement, d'origine barroise comme les Michaux, était né le 25 octobre 1843 dans la petite ville de Pont-à-Mousson, patrie à la fois du maréchal Duroc et du général Fabrice, un des héros de l'indépendance hellénique. Pont-à-Mousson, ancien siège d'Université, appartenait en effet, non au duché de Lorraine, mais à celui de Bar. Ce ne fut qu'après la réunion, sous un même gouvernement, du Barrois et de la Lorraine, que le titre de marquis de Pont-à-Mousson fut attribué au fils ainé du duc de Lorraine. De même en France, sous l'ancien Régime, le Dauphiné était l'apanage traditionnel de l'héritier présomptif de la Couronne.

Pierre Lallement était fils de Nicolas Lallement et de Rose Thiriet. Son père, qui joignait à la profession de maréchal-ferrant la qualité de propriétaire-vigneron, initia dès l'enfance le jeune Pierre au travail de la vigne, dans l'espoir, vraisemblablement, de le voir cultiver plus tard le domaine patrimonial avec autant de soin qu'il l'avait fait lui-même.

Mais l'homme propose et les circonstances disposent. Nanti de la sommaire instruction qu'on recevait alors à 'école primaire, Pierre Lallement partit pour Nancy, où il fit, dans une fabrique de voitures d'enfants et de voitures de malades, l'apprentissage du métier de mécanicien.

Après avoir travaillé aussi à Neufchâtel, il se dirigea de là sur Paris, où, à l'âge de 19 ans, il arriva en 1862, pendant l'automne. Il trouva d'abord un emploi chez Stromaier, fabricant de voitures d'enfants et de véhicules de diverses sortes mus à la main, et passa ensuite dans les mêmes conditions chez le constructeur Jacquier, qui exploitait, rue Saint-Martin, une fabrique de

Cliché de M. l'Abbé Lallement.

LA " DRAISIENNE "

d'après une gravure anglaise de 1819

voitures d'enfants et de chevaux mécaniques. Il resta dans cette dernière maison jusqu'à son premier voyage en Amérique.

Pierre Lallement avait vu fonctionner à Nancy un véhicule bizarre, qu'on appelait une *draisienne*. Cette machine rudimentaire, inventée par le baron badois Drais de Sanerbronn, consistait en deux roues de bois, hautes à peu près comme celles d'une bicyclette. Ces deux roues, placées l'une devant l'autre, étaient reliées par une barre coudée supportant une selle et s'appuyant à l'avant et à l'arrière, au moyen de fourches, sur les deux roues de la machine. La roue d'avant — et c'était là la partie capitale de la découverte du baron Drais — était mobile et se manœuvrait à l'aide d'un levier coudé terminé par un guidon. Les pieds du voyageur touchaient terre lorsque celui-ci était assis sur la selle et servaient à mettre la machine en marche. Quand il avait obtenu un élan suffisant, le cavalier laissait aller le véhicule, entrainé par la vitesse acquise, et posait ses pieds sur les deux côtés du moyeu de la roue d'avant, à moins qu'il ne préférât étendre les jambes à droite et à gauche et les maintenir assez relevées pour ne pas toucher terre.

Il est inutile de dire que la draisienne ne pouvait, comme la roue libre d'aujourd'hui, fonctionner qu'à plat ou dans les terrains en déclivité. Dans les montées on la conduisait à la main.

Par suite du mauvais état des routes à cette époque, ce véhicule n'eut aucune utilité pratique et ne circula guère que dans les promenades. Accueilli par des rires et par des *lazzis*, caricaturé avec enthousiasme par les journaux illustrés, il fut cependant breveté en France en 1816 et un peu plus tard en Angleterre. Il en subsista quelques spécimens comme objets d'amusement jusque vers 1868, époque à laquelle on n'en entendit plus parler.

La draisienne avait été inspirée à son inventeur, lequel, du reste, mourut à Carlsruhe en 1851, dans un complet dénuement, par une machine à deux roues encore plus primitive, le *célérifère*, dû à Civrac. C'était un cheval de bois monté sur deux roues à direction fixe. On l'enfourchait, et, à l'aide des pieds touchant le sol, on lui donnait un élan suffisant pour avancer, mais en ligne directe seulement.

Le célérifère était un véritable jouet d'enfant, qu'on retrouve du reste encore de nos jours à ce titre sur le catalogue des grands magasins de nouveautés, moins toutefois la silhouette du cheval, laquelle est remplacée par une selle appuyée sur une barre de bois.

Pierre Lallement avait également observé, dès le temps de son séjour à Nancy, des chevaux mécaniques, faits pour l'amusement des enfants, chevaux montés sur trois roues, dont les deux d'arrière étaient motrices et dont celle d'avant était directrice. Les roues d'arrière étaient mises en mouvement par une manivelle placée au niveau du cou du cheval. Cette manivelle faisait mouvoir un pignon denté, qui était relié par une chaine sans fin à un autre pignon denté, fixé sur l'axe des roues d'arrière. De part et d'autre de la roue d'avant étaient établies, à la hauteur du moyeu, deux petites tiges de fer sur lesquelles s'appuyaient les pieds du cavalier et qui servaient à donner la direction à celle-ci.

Pierre Lallement, dont l'intelligence était constamment en éveil, rapprocha par la pensée la draisienne et le cheval mécanique, et arriva à songer qu'on pourrait combiner et coordonner autrement les éléments constitutifs de ces deux véhicules.

« Du moment, se dit-il, qu'il existe une crémaillère mue à la

« main au moyen d'une manivelle, ne pourrait-on établir une
« crémaillère mue par les pieds, au moyen de pédales? Si,
« d'autre part, les pieds d'une personne assise peuvent donner
« la direction à une roue placée en avant, pourquoi les pieds
« ne pourraient-ils pas, en même temps qu'ils donneraient le
« mouvement à la roue au moyen de pédales, lui imprimer en
« même temps la direction ? Et si de plus ce mouvement et
« cette direction peuvent s'obtenir sur un véhicule à trois roues,
« pourquoi ne pourrait-on les obtenir sur un véhicule à deux
« roues, à condition bien entendu, qu'il se produise, comme
« dans la draisienne, une vitesse suffisante ? »

Ces idées germèrent dans l'esprit de Lallement, qui, en 1862,
conçut l'idée de ce que fut le « vélocipède ». De l'idée à la réali-
sation, il y avait un pas immense à franchir, car Lallement
n'avait aucune ressource et ne gagnait que 25 à 30 francs par
semaine, ce qui suffisait strictement à lui assurer l'indispen-
sable. Il mit cependant de côté une petite somme suffisante pour
acheter deux roues de bois cerclées de fer, et obtint d'un de ses
camarades forgerons qu'il lui façonnât une barre de fer incurvée
devant servir à supporter une selle. Celui-ci y mit le temps,
ayant plus d'attrait pour la bouteille que pour le travail non
payé.

Lallement demanda à son patron quelques morceaux de fer
et, le dimanche et en dehors des heures de travail, les façonna
sur l'enclume d'un compagnon de travail.

Quand les pièces furent assemblées, la machine se présenta
sous l'aspect suivant. Deux roues de bois cerclées de fer étaient
réunies dans le même plan par une barre de fer coudée, fixée
au-dessus d'elles. Cette barre était reliée par deux fourches au
moyeu de la roue d'arrière et par une contre-fourche à celui de
la roue d'avant. La fourche d'avant formait pivot et tournait
dans une emboiture ménagée dans la barre. Sa partie supérieure
était surmontée d'un guidon cintré à poignées de bois.

Au moyeu de la roue d'avant étaient fixées deux manivelles
de fer munies de pédales de bois, de forme carrée. Celles-ci
étaient terminées de chaque côté par des lames de tôle qui y
étaient vissées et qui servaient à maintenir le pied. Les pédales
étaient ramenées à la position horizontale par un petit contre-
poids placé au-dessous et qui avait la forme d'un gland.

Une selle était placée sur la barre à peu près à égale distance
des deux roues, dont l'une, celle d'avant, était sensiblement plus
haute que celle d'arrière, ce qui expliquait la forme cintrée de
la barre supérieure. Lorsqu'on avait enfourché la machine on
se trouvait pouvoir, à droite et à gauche, toucher la terre
des pieds.

Il ne suffisait pas d'avoir construit une telle machine, encore fallait-il s'en servir, et personne, à cette époque, n'avait la moindre certitude qu'on pût en tirer parti. Ce fut dans la longue allée qui précédait l'atelier Stromaier que Lallement, au milieu des rires de ses camarades, fit ses premiers et rassurants essais.

Dans les premiers jours de juillet 1863, il résolut d'affronter les quolibets du public et essaya sa machine sur le boulevard Saint-Martin, près de la porte de ce nom. Beaucoup de passants examinèrent avec plus ou moins de scepticisme cette étrange création. et plusieurs, sans succès, essayèrent de s'en servir.

Lallement, non découragé, recommença ses essais pendant un temps assez long, ce qui lui permit de reconnaître les bons et les mauvais côtés de la machine qu'il avait construite. Celle-ci manquait de rigidité et clochait dans toutes ses parties. L'inventeur décida de remplacer les barres supérieures, revit toutes les pièces et ne conserva d'intactes que les roues, Mais, travaillant beaucoup pour gagner peu et ne pouvant compter sur aucun appui, il n'entrevit en France aucun espoir de tirer un parti pratique de son invention.

∴

L'Amérique, avec les mirages de l'or californien et l'attrait irrésistible d'un pays neuf, était à cette époque à l'ordre du jour. Séduit par de réconfortantes perspectives — il avait alors à peine 22 ans — P. Lallement résolut de faire voile vers ces régions privilégiées, où il comptait, comme tant d'autres, trouver la fortune.

Il s'embarqua au Havre, en juillet 1865, sur le paquebot la *Ville de Londres* qui, par Londres et Liverpool, le conduisit à New-York. Après un court séjour dans cette dernière ville, il partit pour le Connecticut et s'arrêta à Ansonia, village manufacturier situé dans la magnifique vallée de Naugatuck, à 12 kilomètres environ à l'ouest de New-Haven.

Il trouva là un engagement avantageux et, aussitôt installé, déballa avec précaution, en même temps que les deux roues de son vélocipède, une nouvelle barre supérieure, qu'il avait fait forger, et une certaine quantité de pièces en cours d'exécution.

Il continua à travailler à sa nouvelle machine jusqu'à la fin de l'année 1865, époque à laquelle celle-ci lui parut être en état de fonctionner. Il s'en servit d'abord pour aller à l'atelier et pour en revenir. Puis il risqua une plus longue promenade et résolut enfin de tenter une épreuve sur route, de manière à convaincre les sceptiques. Et ceux-ci étaient nombreux.

Cette première course à vélocipède s'annonçait intéressante et amusante. Le trajet devait se faire par la principale rue d'Ansonia, et après un long pont, par la grande route qui conduit de cette localité à Birmingham, autre centre industriel non moins florissant, juché sur le flanc d'une montagne.

Notre cycliste devait accomplir l'aller et retour. A l'aller la montée était vraiment rude pour l'expérimentateur. Au retour, la descente devait être dangereuse pour une machine sans frein.

Il avait plu peu auparavant et l'eau s'étalait sur la route en de nombreuses flaques. Au pied de la montagne. dans un ravin qui existait alors, s'était formé à travers le chemin une sorte de cours d'eau. Depuis, le ravin a été comblé et le remblai vient maintenant affleurer le plateau au nord de Birmingham.

L'aller s'effectua sans incident. Au retour, Lallement, en face d'une descente rapide et facile, était au comble de la joie. Mais cette joie fut de courte durée, car la machine, nous l'avons dit, n'avait pas de frein. La joie fit place à l'anxiété, puis à la consternation, car la vitesse augmentait proportionnellement au carré des distances, et cela avec une persistance que rien ne venait entraver. En descendant la côte à une vitesse folle, notre champion entrevit soudain un attelage, que conduisaient deux hommes assis dans une voiture, et qui barrait la route.

Lallement, avec un fort accent étranger, cria aux hommes de se ranger. Ceux-ci tournèrent la tête vers le monstre ou le bolide, qui s'avançait à leur rencontre et fouettèrent leurs chevaux pour l'éviter. Il était, hélas ! trop tard pour l'audacieux inventeur.

Celui-ci, pour échapper à une collision, fit dévier brusquement la roue d'avant. franchit le fossé de la route et, heurtant de front l'accotement, fit la culbute, la tête la première, dans l'eau du fossé. Les rôles furent intervertis. Le vélocipède se trouvait par dessus le cavalier et le cavalier sous le vélocipède. Lallement porta longtemps la cicatrice de cette « pelle » homérique.

Notre héros, comme le font tous ses émules en pareil cas, se releva vivement et, ayant constaté avec satisfaction que la robuste machine, dans laquelle le fer n'était pas épargné, n'avait subi aucune avarie. la remonta prestement et regagna Ansonia en pédalant.

Il ne s'arrêta qu'à la taverne, devant la porte de laquelle il déposa sa machine. Deux individus étaient assis dans la salle, racontant aux buveurs stupéfaits qu'ils venaient de rencontrer, sur la route de Birmingham, un diable noir à face humaine qui, avec un corps moitié dragon, moitié oiseau, volait à ras de terre, sans paraître toucher le sol. Cet être fantastique les avait poursuivis jusqu'au bas de la colline et là, au moment où il allait les atteindre, avait disparu subitement dans l'eau sur un des côtés de la route. Le patron de l'établissement mettait en doute cet horrible récit, mais les narrateurs affirmaient avec énergie que la chose était vraie.

« Ce diable, c'était moi ! », dit soudain Lallement, en entrant dans la salle. Et il essaya d'expliquer aux assistants, avec un peu d'anglais et beaucoup de gestes, les péripéties de sa course. Il ne fut pas cru. Nouveaux Thomas, les victimes du monstre ne consentirent à se rendre à l'évidence que quand ils eurent vu Lallement enfourcher, pour une arrivée sensationnelle, la mystérieuse machine.

Au printemps de 1866, Lallement partit pour New-Haven, ou il parut sur son vélocipède dans un jardin public. La tradition rapporte que des cochers, le voyant dans la rue sur un véhicule hétéroclite qui épouvantait leurs chevaux, se plaignirent à l'autorité et le firent une ou deux fois conduire au poste.

L'heure espérée par Lallement arriva enfin. Un capitaliste, James Carroll, consentit à lui avancer les fonds nécessaires pour obtenir un brevet et pour se mettre à demi avec lui dans les bénéfices à réaliser avec l'invention nouvelle. Les modèles et les dessins de Lallement furent déposés conformément à la loi et le brevet fut délivré par le gouvernement des Etats-Unis, le 4 mars 1866. Le vélocipède avait dès lors, et, semble-t-il, pour la première fois, une existence légale.

Ni Lallement, ni Carroll, n'avaient malheureusement assez de ressources pour exploiter pratiquement l'invention et pour entreprendre une publicité suffisante. Ni à Ansonia, ni à Birmingham, ni à New-Haven, Lallement ne put, après plusieurs mois d'essais, tirer le moindre bénéfice du premier brevet qui lui avait été délivré.

Profitant de l'expérience acquise par d'incessantes épreuves, il améliora son vélocipède et le rendit réellement pratique. Il le fit breveter à nouveau, aussitôt qu'il lui parut réunir les perfectionnements dont il était susceptible. Mais la faveur publique n'encouragea pas les efforts tenaces de l'inventeur. Celui-ci se résigna, découragé, à reprendre le chemin de Paris, aussi léger d'argent lorsqu'il quitta l'Amérique que lorsqu'il y était arrivé, plein d'espoir, l'année précédente.

*
* *

Il est certain que le vélocipède Lallement n'était pas la fine et souple bicyclette que l'on voit, depuis des années, rouler sans bruit et sans trépidation sur toutes les routes du monde.

La roue d'avant de cette ancestrale machine avait 0m85 de hauteur, et celle d'arrière 0m80. Toutes deux étaient en bois et

cerclées d'une bande de fer fixée à la jante à l'aide de clous
forgés à la main. Le guidon, recourbé, avait une longueur
totale de o^m62. Il dépassait l'axe longitudinal de la machine, de

Cliché de M. l'Abbé Lallement.

PIERRE LALLEMENT ET SON VÉLOCIPÈDE

d'après une photographie de Jamin et Ce, Paris, 1868

o^m11, à droite et à gauche. Les pédales étaient massives et la
selle rembourrée. Le tout pesait 31 kilogr. 800.

A sa demande de brevet et aux dessins qui l'accompagnaient,
Lallement avait joint un modèle en bois, de proportions réduites.
Il était expliqué par l'inventeur que ce modèle ne reproduisait
exactement l'original, ni comme dimensions, ni comme formes.
Toutes les revues américaines ont donné, au temps de la vogue

première du cyclisme, des reproductions photographiques de ce
modèle historique, qui heureusement a été conservé.

Il manquait au vélocipède Lallement, pour devenir le bicycle,
un frein, des garde-boue, des bandages élastiques, des tubes
d'acier, des roulements à billes. Mais malgré ces *desiderata*,
remplis et dépassés plus tard à la suite d'améliorations succes-
sives, cette machine était le prototype indéniable, non seulement du bicycle, mais de la bicyclette.

Il y a loin, de la *machine atmosphérique* de Newcomen aux
moteurs cyclopéens des locomotives actuelles, — de l'antique
machine à coudre d'Elias Howe aux machines similaires en
usage aujourd'hui, mais dans toutes les adaptations et les trans-
formations modernes, si ingénieuses soient-elles, subsiste ce qui
faisait la base des premiers essais et qui était à découvrir, d'une
part, la vapeur d'eau comprimée faisant mouvoir un piston,
d'autre part les aiguilles à mouvement combiné accomplissant la
double fonction d'aiguille et de crochet.

Lallement avait résolu la principale difficulté du problème
qu'il s'était posé — les pédales adaptées à la roue d'avant et
réalisant ce triple *desideratum* : la propulsion, la direction et
l'équilibre.

Quand Lallement rentra à Paris à la fin de l'année 1866, il
constata que le primitif vélocipède qu'il y avait mis en marche
en 1863 n'était pas tombé dans l'oubli. D'autres mécaniciens,
plus fortunés, avaient recommencé ses expériences et étaient
arrivés à une solution relativement satisfaisante.

L'invention nouvelle était déjà assez perfectionnée pour que
le fabricant de voitures, Michaux, et aussi Magee, songeassent,
dès cette époque, à se mettre à la construction du vélocipède.

Plusieurs spécimens figurèrent à l'Exposition universelle
de 1867.

En avril 1868 Michaux prit un brevet pour un frein agissant
sur la roue d'arrière et lança des catalogues dans lesquels sa
machine fut annoncée au public sous le nom explicite de « vélocipède à pédales et à frein. ». Après additions et améliorations,
il fit breveter son modèle de vélocipède et exploita sur une assez
vaste échelle cette spécialité. On en monta, dans le courant de
cette même année, une quantité. Ils furent expédiés sur tous les
points de la France. Un ou deux furent exportés en Angleterre.

Pendant que d'autres perfectionnaient une invention à laquelle
il avait contribué pour une si large part, Lallement, qui avait
installé pour son compte, à Paris, une fabrique de vélocipèdes,
faillit, faute de ressources, se laisser distancer, mais il fut servi
par l'hésitation de bon nombre d'industriels qui n'osèrent s'adon-
ner à cette fabrication.

Son catalogue illustré recommandait aux vélocipédistes de ne pas appuyer sur la pédale avec le creux du pied, mais avec le bout seulement. Il engageait aussi les amateurs à indiquer la longueur de leurs jambes, afin d'obtenir des machines appropriées, celles-ci étant établies par lui en des grandeurs différentes.

Le vélocipède — des gravures et des photographies sont là pour l'attester — se montait alors avec des bottes. Lorsqu'on s'en servait dans des réunions sportives, il était d'usage d'endosser la casaque de couleur et la casquette des jockeys.

En Amérique, les coureurs, à la recherche d'un vêtement plus approprié au nouveau genre de sport, adoptèrent bientôt la culotte courte et le veston. Mais — particularité caractéristique — ils étaient munis d'une trompette pendue en sautoir, sur laquelle, à l'instar des conducteurs de diligence, ils exécutaient des airs variés pendant la traversée des villes.

La fabrication du vélocipède avait si rapidement progressé aux Etats-Unis, qu'en 1869 le brevet de Lallement prit enfin de la valeur. La part de l'inventeur et celle de James Carroll furent achetées chacune moyennant 10.000 francs par un industriel de New-York, Calvin Witty, qui se réserva de rétrocéder ses droits aux autres constructeurs moyennant un privilège de 20 dollars (100 fr.) par machine.

Lallement, nous l'avons dit, reçut 10.000 francs pour la moitié qu'il avait conservée dans le brevet américain. Un quart de la somme lui fut versé comptant. Les trois autres quarts ne lui furent remis qu'après une enquête approfondie faite en 1868, tant en France qu'à l'étranger, à l'effet de s'assurer de la validité du brevet et de ses droits à se déclarer inventeur.

Cette somme permit à Lallement de mener ses affaires à bien à Paris. Ce fut d'ailleurs la seule récompense que lui valut son invention.

Pendant la désastreuse campagne de 1870, qui arrêta brusquement en France l'essor de l'industrie du vélocipède, Pierre Lallement se retira à Pont-à-Mousson. Il y épousa Anne Bertrand, dont les parents étaient horticulteurs dans cette ville. De ce mariage naquirent trois enfants : une fille, morte à l'âge de quelques mois, et deux fils. L'un de ceux-ci, M. l'abbé Louis Lallement, actuellement curé de Moiremont (Marne) est connu du public par des travaux d'histoire et d'archéologie. L'autre fils, Emile, sergent aux tirailleurs algériens, prit part à l'occupation de Madagascar et mourut à Analaroa, à l'âge de 22 ans.

Pierre Lallement, qui avait cessé la fabrication du vélocipède en 1870, s'expatria à nouveau en 1876. Il prit le chemin de l'Angleterre et, de là, repartit pour l'Amérique, où il se tint dès lors à l'écart du mouvement cycliste. C'était un homme d'une taille quelque peu inférieure à la moyenne, aux cheveux et à la moustache châtains, au teint coloré et aux manières vives. Il continua, après 1876, à exercer la profession de mécanicien, pour laquelle il avait de réelles aptitudes. Malgré un séjour prolongé aux Etats-Unis, il parlait peu et assez difficilement l'anglais.

Atteint en dernier lieu d'une grave affection de l'estomac, au cours de laquelle il fut soigné par le docteur Franklin Rideout, Pierre Lallement mourut à Boston, le 29 août 1891 (1).

(1) Une grande partie des détails qui précèdent sont tirés de la revue américaine *The Wheelman illustrated*, publiée à Boston. La livraison d'octobre 1883, renferme un long et attachant article dû au publiciste Charles E. Pratt, intitulé : *Pierre Lallement and his bicycle.*